Primera edición: septiembre de 2021

© 2021, Carlos Pazos, por el texto y las ilustraciones
© 2021, Penguin Random House Grupo Editorial, S. A. U.
Travessera de Gràcia, 47-49. 08021 Barcelona

Printed in Colombia – Impreso en Colombia

ISBN: 978-84-488-5843-8
Depósito legal: B-10.566-2021

Diseño y maquetación: LimboStudio

101 PREGUNTAS Y RESPUESTAS EL ESPACIO

FUTUROS · GENIOS

CARLOS PAZOS

Índice

¡Hola, exploradores del universo! Soy la astronauta Valentina y voy a embarcarme en un viaje alucinante a través del ESPACIO. Me encantaría que me acompañaras para contarte montones de curiosidades por el camino. ¿Te atreves? ¿Sí? ¡Estupendo!

Antes de comenzar nuestra aventura, es importante saber a dónde vamos, así que la primera pregunta que tenemos que hacernos es...

1 ¿Qué es el espacio?

El espacio exterior es el lugar que encontramos al salir de la Tierra, más allá de la atmósfera. Está casi vacío y es tan grande que algunas personas piensan que no tiene final, aunque eso no lo sabemos seguro. En él están las estrellas, los planetas y muchísimas más cosas que descubriremos en nuestro viaje.

2 Entonces... ¿qué es la Tierra?

¡Es nuestro mundo! Es el hogar de todos los seres vivos, incluidas las personas. La Tierra es uno de los muchos planetas que hay en el universo, pero es el único que conocemos en el que se puede vivir sin problema.

3 ¿Eso es gracias a la atmósfera?

¡En efecto! La atmósfera de la Tierra está hecha del aire que respiramos y envuelve el planeta por completo. Sin ella, nuestro mundo sería una bola de roca pelada. Por eso, como vamos al espacio, necesitamos naves y trajes espaciales. No son solo para viajar, sino también para atrapar un poco de atmósfera y llevarla con nosotros. ¡Sin aire no podemos vivir!

4 ¿De qué está hecho el aire?

El aire está hecho de una mezcla de gases, sobre todo nitrógeno y oxígeno, aunque también hay otros en menor cantidad. El oxígeno es el gas que nos mantiene vivos cuando respiramos y el nitrógeno da más densidad al aire. Tendremos que subir muy alto para ir más allá de la atmósfera hasta el espacio.

5 ¿A qué altura empieza el espacio?

Piensa que, ahora mismo, estás rodeado de un montón de aire y, aunque no puedes verlo, puedes sentirlo cuando mueves tus manos de un lado a otro muy rápido o cuando sopla el viento. Si subes a una montaña, la cantidad de aire es menor porque tiende a acumularse a baja altura. Eso quiere decir que, a medida que vayamos más y más arriba con nuestro supercohete, habrá cada vez menos atmósfera... hasta que no haya nada de nada. ¡A los 100 kilómetros hay tan poco aire que podría decirse que hemos llegado al espacio!

6 ¿Por qué no podemos subir al espacio en avión?

Porque los aviones, al igual que los pájaros, necesitan la atmósfera para volar. Sus alas se sustentan en ella, así que sin gases... ¡no vuelan! Además, el combustible del avión no arde sin oxígeno y, debido a ello, los motores dejan de funcionar antes de que alcance suficiente velocidad.

La gravedad

8

7 ¿Por qué los cohetes sí pueden subir al espacio?

Porque los cohetes llevan su propio oxígeno guardado, u otra sustancia que sirve para quemar el combustible, llamada comburente, que mantiene los motores encendidos a toda potencia. Gracias a eso tampoco necesitan alas.

8 Y... ¿por qué son tan grandes los cohetes?

Hace falta mucho pero que mucho combustible para superar la gravedad de la Tierra y salir al espacio. Los cohetes son enormes para poder contener la gran cantidad de combustible que necesitan.

9 ¿Qué es la gravedad?

Veamos... Cuando das un salto, subes un poco y luego vuelves a caer, ¿verdad? La razón por la que no sales volando es la gravedad. Lo mismo ocurre si tiras una piedra: al final, por muy lejos que la lances, acaba por volver al suelo. La gravedad es como una fuerza invisible que atrae cualquier objeto. Los seres humanos hemos construido cohetes para desafiarla y escapar de ella.

10 ¿La gravedad es igual en todas partes?

Una vez que nos vamos alejando de la Tierra, la gravedad va siendo cada vez más débil hasta que llega un momento en el que no la notamos. Pero, si nos acercamos a otro cuerpo, como, por ejemplo, la Luna, nos atraparía la gravedad lunar. Todos los cuerpos se atraen entre sí por la gravedad, pero la fuerza con la que lo hacen depende de sus masas.

11 ¿Qué es la masa y qué tiene que ver con la gravedad?

Algo con mucha masa es algo que pesa mucho, por lo que es más difícil moverlo. Y aquí viene lo más importante que debes recordar: cuanta más masa haya acumulada, mayor es la gravedad.

12 Entonces ¿cómo es la gravedad de la Luna o del Sol?

Como la Luna es más pequeña y liviana que nuestro planeta, su gravedad es más débil. Sin embargo, la del Sol es la más fuerte del sistema solar porque es el cuerpo con más masa de todos. ¡Guau!

El sistema solar

Neptuno

Urano

Saturno

Júpiter

Sol

Tierra

Marte

Mercurio

Venus

13 ¿Qué es el sistema solar?

El sistema solar está formado por el Sol y todos los objetos que giran a su alrededor. Eso incluye a los planetas, los satélites o lunas, los planetas enanos, los asteroides, los cometas y otros objetos más pequeños que van flotando por ahí.

14 Si se pudiera, ¿cuánto tardaríamos en llegar caminando hasta el Sol?

El Sol está aproximadamente a 150 millones de kilómetros de la Tierra. Las personas caminamos normalmente a una velocidad de unos 5 kilómetros por hora, así que, si se pudiera, tardaríamos unos 3.425 años. ¡Nadie vive tanto!

15 ¿De qué color es el Sol?

Tú dirás que es amarillo. Pues te voy a contar un secreto: vemos el Sol amarillo porque la atmósfera modifica la luz. En el espacio... ¡el Sol es de color blanco!

16 ¿Cuántos planetas hay en el sistema solar?

De momento conocemos ocho: Mercurio, el más pequeño y cercano al Sol; Venus, el más caliente; la Tierra, nuestro hogar; Marte, el planeta rojo; Júpiter, el más grande; Saturno, el que tiene los anillos más espectaculares; Urano, cuyo eje de giro está muy inclinado, y Neptuno, el planeta más lejano. Pero todavía no hemos explorado el sistema solar por completo, así que puede que en los rincones más alejados haya algún planeta que aún no hemos descubierto.

17 ¿Qué tipo de planetas hay en el universo?

Hay muchísimos y muy diferentes. Los podemos clasificar por su tamaño, por su masa o por sus características. Para resumir, lo principal es distinguir entre planetas rocosos, como el nuestro, y planetas gaseosos, como Júpiter, que están hechos solo de gas y suelen ser más grandes. En el sistema solar hay la mitad de cada tipo.

18 ¿Por qué Plutón no es un planeta?

En el pasado se pensaba que lo era, pero, a medida que se fueron encontrando cuerpos iguales o más grandes que Plutón a las afueras del sistema solar, los astrónomos debatieron si todos eran planetas o no. Al final, decidieron que Plutón no cumplía los requisitos, así que lo calificaron como un planeta enano.

19 ¿Cuáles son los requisitos para ser un planeta?

Para ser un planeta hay que cumplir tres condiciones: ser redondo, girar alrededor de una estrella y tener limpia la órbita y alrededores; es decir, no puede acompañarlos ningún otro objeto de importancia salvo que sea una luna. Plutón no cumple este último requisito porque los alrededores de su órbita están llenos de rocas. Los objetos que se quedan cerca de ser planetas son conocidos como planetas enanos.

20 ¿Y qué es una órbita?

Es el camino que sigue un objeto girando alrededor de otro. La gravedad es la que mantiene a los cuerpos dando vueltas por todo el universo: los planetas alrededor de las estrellas, los satélites alrededor de sus planetas y así con todo.

21 ¿Cuántos planetas enanos hay en el sistema solar?

Ahora mismo hay cinco planetas enanos reconocidos: Ceres, Plutón, Eris, MakeMake y Haumea. Pero… ¡ojo! Podría haber tantos planetas enanos en el sistema solar que quizá algún día tengamos problemas para ponerles nombre a todos. Lo que pasa es que no los hemos descubierto todavía, y sospechamos que están por ahí, escondidos en la negrura del espacio.

22 ¿Por qué el espacio es negro?

El espacio es tan inmenso que la luz que hay no puede iluminar todos sus rincones. Es como encender una cerilla en una gran cueva. Su llama ilumina lo que tiene cerca, pero, si miras más allá, la cueva sigue estando oscura porque la luz pierde intensidad. En el espacio pasa algo parecido pero a una escala universal, y ni todas las estrellas del universo pueden iluminarlo.

23 ¿Por qué el Sol está encendido y los planetas no?

Porque el Sol es una estrella. Las estrellas están hechas de hidrógeno y helio, que son los elementos más abundantes del universo. La gravedad del Sol es tan fuerte que es capaz de apretar mucho el hidrógeno en su interior y fusionarlo para convertirlo en más helio. Es como si fuera su combustible. Cuando eso pasa, se libera energía. El planeta Júpiter también tiene mucho hidrógeno, pero no tiene suficiente gravedad, así que tampoco se enciende.

24 ¿Qué pasa si intentas aterrizar en Júpiter?

¡No se puede! Porque Júpiter, igual que el resto de planetas gaseosos, es una inmensa bola de gas. Es como si todo fuera atmósfera sin suelo sólido sobre el que posarse. A medida que fueras descendiendo, solo verías nubes y viento a gran velocidad, y el gas se volvería cada vez más y más denso hasta un punto en que sería imposible seguir bajando y nuestra nave se destruiría aplastada por la presión.

25 ¿Qué es la gran mancha roja de Júpiter?

Es un enorme remolino de gases y nubes, parecido a una tormenta pero a lo bestia. Es tan majestuosa que en su interior cabría dos veces el planeta Tierra. Algunas personas creen que esta mancha tiene más de 300 años.

26 ¿Por qué Marte es rojo?

Algunos materiales como el hierro se vuelven rojos cuando se oxidan. En la Tierra esto ocurre debido al oxígeno de la atmósfera. En Marte es diferente, pero igualmente se ha oxidado en el transcurrir de los milenios, adoptando su tonalidad rojiza.

27 ¿Por qué Venus está más caliente si Mercurio se encuentra más cerca del Sol?

La temperatura que hay en un planeta no solo depende de lo cerca que está del Sol. También importan los gases de la atmósfera. Mercurio no tiene atmósfera, y Venus tiene una muy densa que atrapa el calor que recibe y no lo deja escapar, creando un superefecto invernadero. Así que Venus, a pesar de estar más lejos, es como un horno.

28 ¿Por qué Urano tiene su eje de giro tan inclinado?

No lo sabemos seguro, pero la mejor explicación que tenemos es que hace mucho tiempo Urano recibió un impacto de otro planeta que ya no existe. Ambos mundos se unieron y la colisión fue tan violenta que inclinó a Urano y lo dejó como está hoy en día.

29 ¿Cuál es el satélite más grande del sistema solar?

Es Ganímedes, un satélite que gira alrededor de Júpiter. Es más grande que Mercurio, y en su interior hay tanta agua que supera toda la que la Tierra tiene en su superficie.

30 ¿Es Saturno el único planeta con anillos?

¡No! Todos los planetas gaseosos del sistema solar tienen anillos que están hechos de partículas de polvo y pequeños trocitos de material. Lo que pasa es que los anillos de Saturno son más espectaculares y sus fragmentos de roca y hielo son de mayor tamaño. Eso es lo que provoca que se puedan ver a través de un telescopio con facilidad.

31 ¿Por qué no vivimos en otros planetas?

La Tierra es un lugar ideal para vivir: hay agua, aire respirable, tierra para cultivar y espacio habitable. En otros planetas no hay nada de eso y tendríamos que llevarlo todo o producirlo de alguna manera. Son problemas que no hemos acabado de resolver con la tecnología actual, pero algún día quizá sea posible conseguirlo.

32 ¿Cómo se ordenan los planetas por tamaño?

Primero van los gigantes gaseosos. Por orden de tamaño, este es el orden: Júpiter, Saturno, Urano y Neptuno, y luego la Tierra, Venus, Marte y finalmente Mercurio.

33 ¿Hay planetas en otras estrellas?

Claro que los hay. A los planetas que están fuera del sistema solar los conocemos como planetas extrasolares y hay tantos que es imposible saber su número exacto.

34 ¿Cómo de grande puede ser un planeta?

Piensa en esto: los planetas más grandes son los que están hechos de gas. Si se forman en una nube con mucho hidrógeno, pueden crecer y ganar mucha masa hasta ser más grandes que Júpiter. Si un planeta continúa creciendo, llegará un punto en el que su gravedad será muy fuerte y se encenderá convirtiéndose en una estrella, salvo que se quede en una enana marrón.

35 ¿Y qué es una enana marrón?

Las enanas marrones están a mitad de camino entre un planeta gigante y una estrella pequeñita. No son planetas porque desprenden calor, pero tampoco son estrellas porque no llegan a brillar de verdad.

36 ¿Hay planetas sin estrellas?

Sí. A veces, cuando se forma un sistema solar nuevo, algunos planetas se escapan y vagan por la galaxia. Estos mundos son conocidos como planetas huérfanos o planetas errantes.

37 ¿Cómo sabemos que hay exoplanetas?

Gracias a la astronomía y a los telescopios, hemos podido observar el universo hasta muy lejos. Pero hay que tener en cuenta que a los exoplanetas rara vez podemos fotografiarlos directamente. Lo que hacemos es mirar la luz de las estrellas para descubrir pequeñas pistas sobre su presencia.

38 ¿Qué es la astronomía?

Es lo que hay que estudiar para investigar el universo con telescopios y otros instrumentos de observación. La astronomía es la ciencia que nos ha enseñado lo pequeños que somos con relación a la inmensidad del espacio.

39 ¿Cuál fue el primer exoplaneta descubierto?

Su nombre es Dimidio y gira alrededor de una estrella llamada 51 Pegasi. Es un planeta de tipo júpiter caliente y su descubrimiento fue anunciado el 6 de octubre de 1995.

40 ¿Y qué es un júpiter caliente?

Es un gigante gaseoso que, en vez de estar lejos de su estrella, como nuestro planeta Júpiter, está cerca y se calienta un montón.

41 ¿Hay exoplanetas como la Tierra?

Sí, este tipo de planetas son las exotierras y hay candidatos prometedores que podrían parecerse mucho a nuestro mundo. Yo creo que el universo es tan inmenso que seguramente habrá exotierras a montones, solo que todavía no las hemos descubierto.

42 ¿Qué es una supertierra?

Llamamos supertierra a los exoplanetas formados de roca que son de una masa superior a la de la Tierra. A los planetas de tamaño similar pero hechos de gas los llamamos minineptunos.

43 ¿Por qué los planetas son redondos?

No solo lo son los planetas, sino también algunos satélites y cualquier objeto con suficiente masa. La culpa, de nuevo, es de la gravedad. Esta fuerza invisible, además de atraer las cosas que tiene cerca, hace que los planetas se aprieten a sí mismos y sean redondos. Ahora bien, hay mundos por el espacio que no han juntado suficiente masa y, por tanto, su gravedad es un poco floja. Esos objetos no consiguen redondearse.

44 Si son redondos, ¿por qué se llaman planetas y no redondetas?

Ja, ja, ja, ¡qué pregunta tan divertida! Eso es porque en nuestro idioma la palabra «planeta» significa «estrella errante». El origen de este nombre viene de la Antigüedad, cuando los observadores del cielo nocturno se dieron cuenta de que había unos puntitos de luz que se movían más que los demás. ¡Y esos puntitos brillantes eran los planetas!

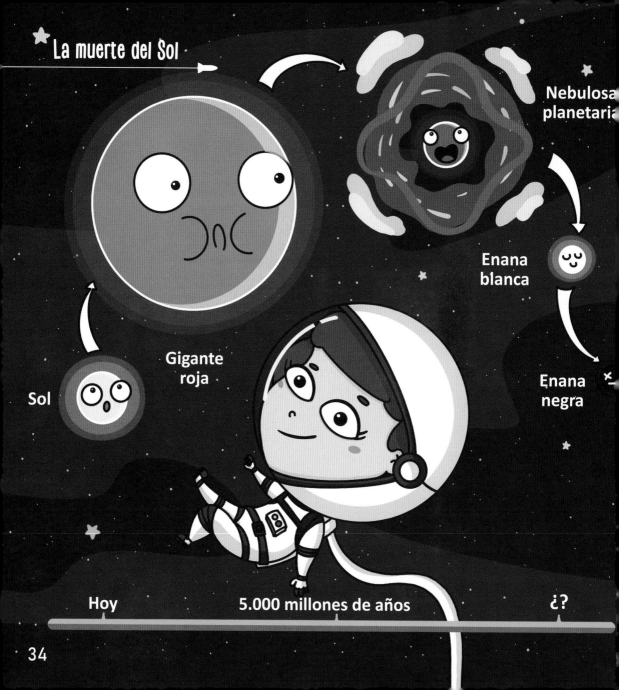

La muerte del Sol

Nebulosa planetaria

Enana blanca

Gigante roja

Enana negra

Sol

Hoy

5.000 millones de años

¿?

45 ¿Por qué los planetas, vistos en el cielo, parecen estrellas?

Las estrellas que vemos de noche son enormes y tienen luz propia, pero están tan lejos que para nosotros son brillitos diminutos. Los planetas que se ven a simple vista —Mercurio, Venus, Marte, Júpiter y Saturno— están mucho más cerca en comparación, pero son mucho más pequeños que las estrellas. Y, aunque no tienen brillo propio, reflejan la luz que proviene del Sol. El Sol, al que no vemos de noche, no se apaga nunca.

46 ¿El Sol no se apagará nunca nunca?

Vale, sí... Dentro de unos 5.000 millones de años, el Sol se quedará sin hidrógeno y será casi todo de helio. Eso hará que se vuelva más grande y rojo. ¡Y se convertirá en una gigante roja! Pero todo ese combustible no dura para siempre. Cuando se gasten el helio y otros elementos, el Sol pasará a ser otro tipo de estrella más pequeña y tenue, una enana blanca. Y, finalmente, dentro de mucho muchísimo tiempo, se apagará.

47 ¿Cómo de grande es el Sol?

Es increíblemente grande. Para que te hagas una idea, en su interior cabrían 1.300.000 veces la Tierra. Eso es una barbaridad. Y, sin embargo, el Sol es una estrella de tamaño modesto comparada con otras del universo. Por ejemplo, las hipergigantes son estrellas lejanas que pueden tener más de 100 veces la masa del Sol. ¡Guau!

Meteroid

Cuerpos menores

Meteoro

Meteorito

48 ¿Las estrellas que hay en el cielo son todas las estrellas que hay?

Piensa en esto: en la noche más despejada, desde un lugar apartado, podríamos ver miles de estrellas en el cielo y también montones de estrellas fugaces. Un espectáculo increíble. Pues bien... Todas esas estrellas son una minúscula fracción de las que hay en realidad. Hay tantas que el número es imposible de saber; tantas que las más lejanas no podremos verlas jamás, ni siquiera con el mejor de los telescopios.

49 ¿Qué son las estrellas fugaces?

Son meteoros, es decir, fragmentos de polvo y roca en el espacio que caen a nuestro planeta. Al atravesar la atmósfera a tanta velocidad, el aire se calienta miles de grados y ese calor provoca que la roca arda y se desintegre. Cuanto más grandes son, más brillan.

50 ¿Y qué diferencia hay entre un meteoro y un meteorito?

Cuando un pedazo de roca espacial consigue llegar a tierra firme sin desintegrarse, lo que queda en el suelo es un meteorito.

51 ¿Qué es un asteroide?

En el sistema solar hay rocas de todos los tamaños flotando en el espacio. Si son trozos pequeños, se llaman meteoroides y, cuando son de mayor tamaño, los llamamos asteroides, pero... ¡cuidado! Es fácil confundirlos con los cometas.

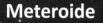

Meteroide

Asteroide

Planeta

Planeta enano

52 Entonces ¿en qué se diferencia un asteroide de un cometa?

Los asteroides son rocas que suelen acumularse en la zona situada entre Marte y Júpiter, el famoso cinturón de asteroides. Los cometas, en cambio, vienen de mucho más lejos, de más allá de la órbita de Júpiter. Otra diferencia es que los cometas son objetos con mucho hielo.

53 ¿Por qué los cometas tienen cola?

Pues no siempre la tienen, pero, cuando se acercan al Sol y aumenta la temperatura, el hielo que tienen se convierte en gas. Este gas adquiere esa forma de cola a causa del viento solar y puede llegar a medir… ¡millones de kilómetros!

54 ¿Qué es el viento solar?

El Sol es tan poderoso que, cuando libera su energía, lo hace en todas direcciones y alcanza los confines del sistema solar como si de un potente viento se tratase. Esta corriente de energía está formada por partículas diminutas que golpean continuamente todo lo que encuentran. Por eso los astronautas deben protegerse con sus trajes o permanecer dentro de las naves.

55 ¿Quién fue la primera persona en ir al espacio?

Yuri Gagarin, de la Unión Soviética, fue el primer ser humano en visitar el espacio exterior en abril de 1961. El siglo XX fue una época emocionante, llena de retos y de inventos que permitieron a la humanidad cumplir con el sueño de salir de la Tierra.

56 ¿Cómo se llamaba la primera mujer que fue al espacio?

Fue una cosmonauta llamada Valentina Tereshkova, también de la Unión Soviética, en junio de 1963. ¡Y yo me llamo Valentina en su honor!

57 ¿Qué es un cosmonauta?

A los astronautas provenientes de la Unión Soviética, y luego de Rusia, se les llama cosmonautas. Curioso, ¿verdad? Es solo una diferencia en el nombre, pero lo cierto es que todos se tienen que preparar muchísimo para subir al espacio.

58 ¿Qué nos pasaría en el espacio sin un traje de astronauta?

El espacio está vacío, así que, dependiendo de lo que tengamos cerca, pasan cosas diferentes: si nos da la luz del Sol, nos achicharramos; si no, nos congelamos. Pero, en cualquier caso, antes de eso, nos asfixiaríamos en cuestión de segundos porque no hay nada de aire. ¡Así que mejor no te quites el casco!

59 ¿Quiénes fueron las primeras personas en pisar la Luna?

Ese honor fue para los astronautas de Estados Unidos Neil Armstrong y Buzz Aldrin. Lo consiguieron en julio de 1969 en la misión Apolo 11. Fue Neil Armstrong quien dio el primer paso haciendo historia con la famosa frase: «Un pequeño paso para el hombre, un salto de gigante para la humanidad».

60 ¿Cuánto se tarda en llegar a la Luna?

La Luna está a unos 380.000 kilómetros de distancia de la Tierra. Las misiones Apolo tardaron entre cuatro y cinco días en llegar a la superficie de nuestro satélite. Pero ten en cuenta que la duración del viaje a la Luna depende de la velocidad inicial que se aplique a la nave. Cuanta más velocidad, menos tiempo.

61 ¿Y por qué no tardamos menos?

Como ya sabemos, hace falta un montón de combustible para escapar de la gravedad terrestre y, una vez en el espacio, también necesitamos aún más para ganar velocidad con nuestra nave. Construir todo lo necesario para llevar tanto combustible vale un montón de dinero que no podemos gastar así como así. Al ir un poco más despacio, el viaje nos sale mucho más barato.

62 ¿Hasta qué altura podemos saltar en la Luna?

La gravedad de la Luna es seis veces más débil que la de la Tierra. Si normalmente saltamos medio metro sin mucho esfuerzo, ¡en la Luna podríamos llegar hasta casi tres metros! Pero hay que tener en cuenta que con un traje espacial es difícil dar un salto: no se pueden doblar bien las rodillas y eso reduce nuestro impulso.

63 ¿Cómo se formó la Luna?

Creemos que la Tierra, cuando era joven, se chocó con otro planeta llamado Tea. Fue un cataclismo que redujo ambos planetas a escombros, pero, como la gravedad no descansa, la Tierra se volvió a formar y a su alrededor, con las rocas sobrantes, se formó la Luna. Esto ocurrió hace unos 4.500 millones de años.

64 ¿Por qué la Luna siempre nos muestra la misma cara?

Cuando vemos nuestro satélite en el cielo, parece que no se mueve. Pero lo cierto es que la Luna gira sobre sí misma despacito y, al mismo tiempo, se mueve alrededor de la Tierra. Cuando gira, también se mueve de posición y eso provoca que no veamos ese giro. Por eso siempre hay una cara visible y otra oculta.

65 ¿Qué hay en la cara oculta de la Luna?

La mayor diferencia entre las dos caras de la Luna es que la visible tiene unas regiones oscuras que llamamos mares. Estos mares no tienen nada que ver con los que tenemos en la Tierra porque no son de agua, sino de roca oscura, pero en la cara oculta no los hay. Sabemos esto porque hemos enviado sondas espaciales para echar un vistazo. ¡Desde la Tierra no se ven!

66 ¿Qué es una sonda espacial?

Una sonda espacial es una nave no tripulada, lo que significa que no necesita llevar a nadie en su interior. Son ideales para explorar el espacio exterior durante años sin poner en peligro la vida de las personas. No olvides que el espacio es un lugar peligroso. Hemos mandado montones de sondas por todo el sistema solar y gracias a ellas hemos aprendido mucho.

67 ¿Y qué sonda ha viajado más lejos?

En 1977 fueron lanzadas con varios días de diferencia dos sondas gemelas: la Voyager 1 y la Voyager 2. La Voyager 1 es más veloz que su hermana y la que más lejos ha llegado, hasta el mismo límite del sistema solar. ¡Y llevan décadas viajando! Este viaje no terminará, pues las dos sondas seguirán vagando por el espacio interestelar para siempre.

Saliendo del sistema solar

68 ¿Qué es el espacio interestelar?

Es el espacio que existe entre las estrellas. En el sistema solar, empieza más allá de la heliopausa, que es una frontera donde el viento solar pierde intensidad y se dispersa en el medio interestelar. Esto ocurre mucho más allá de Plutón y del lejano cinturón de Kuiper.

69 ¿Y qué es el cinturón de Kuiper?

El cinturón de Kuiper es una región que forma un gigantesco anillo alrededor del Sol, poblada por millones de cometas y de cientos de miles de objetos de gran tamaño, incluido Plutón y otros planetas enanos. Son los restos del nacimiento del sistema solar.

70 ¿Cómo se formó el sistema solar?

El sistema solar se formó hace 4.600 millones de años a partir de una nube de gas y polvo que flotaba por la galaxia. El Sol se formó en el centro y, gracias a la gravedad, fue acumulando más y más gas. Alrededor de él, se formaron los planetas y las lunas. Muchos objetos, los que no consiguieron arrejuntarse para formar cuerpos mayores, se quedaron esparcidos por el cinturón de asteroides, el cinturón de Kuiper y la nube de Oort.

71 ¿Qué es la nube de Oort?

Es otra parte del sistema solar, aún más grande y lejana que el cinturón de Kuiper, que marca el final del sistema solar. Consiste en una región esférica de objetos helados y dispersos cuyo alcance desconocemos. Dicen que la luz tardaría un año o más en llegar al final de la nube de Oort.

72 ¿A qué velocidad viaja la luz?

La luz viaja a casi 300.000 kilómetros por segundo en el vacío del espacio. Para que te hagas una idea, la luz tarda solo ocho minutos en recorrer la distancia que separa la Tierra del Sol. ¿Recuerdas cuánto tardaríamos nosotros si pudiéramos ir caminando? Pues compara y verás lo veloz que es la luz.

73 ¿Por qué no existe nada que pueda viajar más rápido que la luz?

Es un límite que existe de forma natural en nuestro universo y no sabemos por qué. Ni siquiera con la mejor de las naves espaciales, ni con todo el combustible del mundo, podríamos alcanzar la velocidad de la luz porque, cuanto más cerca esté una nave de ir tan rápido, más le costará acelerar.

74 ¿Y no podemos hacer trampa para superar ese límite?

Hay personas que están intentando pensar cómo conseguirlo, pero las reglas del universo no se pueden romper así como así. De momento no parece posible, pero, a pesar de ello, si nos lo propusiéramos, podríamos visitar otras estrellas sin superar la velocidad de la luz.

75 ¿A qué distancia está la estrella más cercana al Sol?

La estrella más cercana al Sol y, por tanto, al sistema solar se llama Próxima Centauri y se sitúa a unos 4,2 años luz de nosotros. Es una de las muchas estrellas que hay en nuestra galaxia.

76 ¿Y qué es un año luz?

Es la distancia que recorre la luz en un año: 9,46 billones de kilómetros. Cuando decimos que Próxima Centauri está a 4,2 años luz, significa que el viaje duraría todos esos años a la velocidad de la luz. ¡Imagina un viaje tan largo sin descanso!

77 ¿Qué es una galaxia?

Una galaxia es una gigantesca formación de estrellas, planetas, nubes de gas, polvo cósmico y materia de todo tipo. Nuestro sistema solar está en una galaxia llamada Vía Láctea, pero hay millones de galaxias en el universo.

Galaxia lenticular

Galaxia irregular

Galaxias

Galaxia espiral

Galaxia elíptica

78 ¿Podríamos viajar a otras galaxias?

Es bastante difícil. La galaxia más cercana a la Vía Láctea se llama Andrómeda y está a dos millones de años luz de distancia. Así que el viaje desde el punto de vista de la Tierra, viajando a la velocidad de la luz, duraría todos esos años.

79 ¿Son todas las galaxias iguales?

No, qué va. Hay muchos tipos de galaxias. Las hay pequeñitas y grandes, y de formas diversas: en espiral como la nuestra, pero también elípticas e irregulares. E incluso algunas contienen estrellas jóvenes y otras están plagadas de estrellas muy viejas cercanas al final de sus vidas.

80 ¿Cuánto vive una estrella?

El ciclo vital de una estrella depende de su masa. Cuando son pequeñas, las llamadas enanas rojas viven mucho tiempo porque queman su combustible despacio. Las más grandes mueren antes porque, aunque al principio tienen mucho hidrógeno como combustible, lo transforman muy deprisa en energía.

81 ¿Cómo se muere una estrella?

Cuando se termina todo el hidrógeno, las estrellas mueren o, como dicen los astrónomos, llegan al final de su secuencia principal. De nuevo, según su masa, terminan de maneras diversas. Si son pequeñas o medianas, pasarán a ser enanas blancas y, si son grandes, acabarán su vida como supernovas.

60

82 ¿Qué es una enana blanca?

Es lo que queda cuando estrellas como el Sol o más pequeñas llegan al final de su vida. Podríamos comparar una enana blanca con las brasas que quedan después de un gran fuego.

83 ¿Qué es una supernova?

Es una explosión increíblemente potente de una estrella con mucha masa que ha quemado todo su combustible y colapsa sobre sí misma. Después, el material que forma la estrella se expulsa en todas las direcciones y enriquece el espacio con nubes de elementos. ¿De dónde crees que salió la nube que formó nuestro sistema solar? ¡Somos polvo de estrella! Lo más increíble es que, después de una explosión, en su centro pueden formarse estrellas de neutrones o agujeros negros, extraños objetos que no están formados por átomos.

84 ¿Y qué son los átomos?

El hidrógeno de las estrellas, el gas del aire, los elementos de las rocas, el calcio de nuestros huesos, el oro de las joyas y todo lo que vemos, incluso tú y yo, estamos hechos de átomos. Los átomos se generan en las estrellas y están formados a su vez por unas partículas diminutas: protones, electrones y neutrones.

85 ¿Qué es una estrella de neutrones?

Es un tipo de estrella muy compacta que se forma entre los restos de la explosión de una supernova. Las estrellas de neutrones giran superdeprisa y son pequeñas como asteroides, pero tienen más masa que nuestro Sol, por lo que su gravedad es inmensa. Es tan inmensa que los átomos se rompen, y los electrones y protones se unen formando neutrones.

86 ¿Qué es un agujero negro?

Cuando una estrella realmente gorda explota como supernova, lo que se forma después tiene tanta gravedad que hasta los neutrones se rompen. En ese momento, se crea un agujero negro, que es una región en el espacio de la que ni siquiera la luz puede escapar.

87 ¿Qué hay dentro de un agujero negro?

Lo llamamos singularidad, que es la palabra que usan los científicos cuando no tienen ni idea de lo que es algo en realidad. Tampoco podemos asomarnos a mirar porque… ¡nos quedaríamos atrapados para siempre!

88 ¿Qué pasa si se encuentran dos agujeros negros?

Que se unirían formando un agujero negro aún mayor. No sabemos si hay un límite de tamaño para ellos. De hecho, los agujeros negros supermasivos, que se encuentran en el centro de la mayoría de las galaxias, son inmensos. ¡La Vía Láctea tiene uno!

89 ¿Y por qué no se lo tragan todo?

Porque solo se tragan lo que tienen a su alcance. Si nos situamos a una distancia prudente, más allá de una frontera conocida como horizonte de sucesos, no pasa nada. Ahora bien, si algo se acerca a dicha frontera, no tendrá escapatoria.

90 Cuando un agujero negro supermasivo traga materia, ¿qué pasa?

Que el gas que cae en su interior gira deprisa, emite radiación y brilla antes de desaparecer. Cuando esto ocurre, decimos que el núcleo de una galaxia está activo.

91 ¿Qué edad tiene el universo?

Nuestro universo empezó hace 13.800 millones de años: todo —el espacio, el tiempo, la materia y la energía— apareció en ese momento que conocemos como la Gran Explosión. En aquel entonces, el universo era pequeño, compacto y caliente, pero poco a poco se fue expandiendo y enfriando. De la Gran Explosión surgieron el hidrógeno y el helio del que se componen las estrellas.

92 ¿El universo se expande?

Es difícil de creer, pero lo hemos visto con nuestros telescopios. Lo más increíble de todo es que esta expansión sigue ocurriendo ahora mismo y es cada vez más rápida.

93 ¿Qué provoca que se esté expandiendo el universo?

Es a causa de la Gran Explosión, pero lo que hace que la expansión del universo sea cada vez más rápida se llama energía oscura, y no sabemos lo que es, pero sí conocemos sus efectos: provoca que el espacio se estire y que las galaxias se alejen cada vez más unas de otras. La energía oscura, junto con la materia oscura, es uno de los grandes misterios del universo.

94 ¿Qué es la materia oscura?

Es algo diferente a la energía oscura que no podemos ver ni tocar, pero que está esparcida por el universo, alrededor de las galaxias y por todas partes.

95 ¿Cómo sabemos que existe la materia oscura?

¡Porque tiene gravedad! Así que afecta a otros objetos que sí vemos. Piensa en lo confuso que tenía que ser para los astrónomos mirar por el telescopio y ver que ocurrían cosas extrañas con las galaxias que no podían explicar. Menos mal que, trabajando juntos, dieron con esta posibilidad.

96 ¿El universo se terminará?

No estamos seguros, pero, si el universo se sigue expandiendo, llegará un momento en el que todo estará demasiado lejos de todo, las estrellas se apagarán y no habrá luz. No te preocupes, que para que eso ocurra tienen que pasar tantos años que casi no los podemos contar.

97 ¿El universo tiene límite?

Es imposible saberlo. Es tan grande que hay un límite de lo que podemos llegar a ver desde la Tierra. Este límite delimita el universo observable y mide 93.000 millones de años luz de diámetro, un número tan grande que cuesta imaginárselo.

98 ¿Qué hay más allá del universo observable?

Pues seguramente más galaxias, más materia oscura, más estrellas, más planetas y más de todo. Pero no podemos verlo ni llegar hasta lugares tan lejanos porque el universo se expande más deprisa de lo que podemos viajar.

99 ¿Estamos solos en el universo?

Muchas personas piensan que hay demasiadas estrellas y demasiados planetas para que seamos los únicos seres del universo. Pero lo cierto es que, hasta que no tengamos una prueba, no podemos decir seguro que haya nadie ahí fuera. Tendremos que seguir buscando...

100 Si hubiera vida en otra parte, ¿cómo sería?

Pues si algún día encontramos vida en otros lugares, probablemente serían bichitos pequeñitos como las bacterias que hay en la Tierra. Es vida sencilla y, por tanto, más fácil que se dé en otro mundo. Los científicos investigan Marte y los satélites de Júpiter, Europa y Encélado, con la esperanza de encontrar alguna pista sobre la vida en otros planetas.

Bueno... ¿Volvemos a la Tierra?

Terminamos un viaje magnífico en el que hemos respondido a montones de preguntas sobre el universo. Para mí ha sido genial que me hayas acompañado para poder contarte todas estas cosas. Como hemos visto, el espacio en un lugar fascinante: vacío, pero, al mismo tiempo, lleno de mundos y misterios por aprender.

¡Queda mucho por explorar todavía! Pero, como hemos aprendido, la Tierra es un oasis de vida, y es el lugar perfecto para vivir y pasarlo bien. Viajar por el espacio es fascinante pero difícil. Todo está muy lejos y vivir en otra parte es un reto importante. Por eso tenemos que cuidar de nuestro planeta, porque no hay otro igual.

Descubre los secretos de la ciencia con FUTUROS GENIOS.

¡Y conviértete en un experto del Sistema Solar y los seres vivos con **ASTROMITOS** y **BIOMITOS!**